AF252716

COMPLAINTE

ET

RÉCLAMATION

D'UNE

DE CES DEMOISELLES,

A L'OCCASION

DE CERTAINE ORDONNANCE ATTENTATOIRE A LA LIBERTÉ

INDIVIDUELLE;

SUIVIE

DE MANON MISANTHROPE

OU

Ah! faut-il qu'un homm' soit cochon.

*Chacun obtient par son culte
la même protection.*
CHARTE CONSTITUTIONNELLE, ART. V.

———∞∞∞———

PRIX : 50 CENTIMES.

———∞∞∞———

A Paris,

CHEZ LES MARCHANDS DE NOUVEAUTÉS.

1830.

COMPLAINTE

ET

RÉCLAMATION

D'UNE

DE CES DEMOISELLES.

PARIS. — IMPRIMERIE DE GAULTIER-LAGUIONIE,
RUE DE GRENELLE-SAINT-HONORÉ, N° 55.

COMPLAINTE

ET

RÉCLAMATION

D'UNE

DE CES DEMOISELLES,

A L'OCCASION

DE CERTAINE ORDONNANCE ATTENTATOIRE A LA LIBERTÉ

INDIVIDUELLE;

SUIVIE

DE MANON MISANTHROPE

OU

Ah! faut-il qu'un homm' soit cochon.

A Paris,

CHEZ LES MARCHANDS DE NOUVEAUTÉS.

1830.

AIR : *De la Complainte de Fualdès.*

De qui faut-il que j'implore
Un appui dedans ce jour ?
Fille de joie et d'amour,
Tout le monde connaît Laure,
Demeurant rue Fromenteau,
Au onzième numéro.

Pour réduire tout un sexe

A l'état où nous voilà,

Surtout quand il sait que ça

Nous contrarie et nous vexe ;

Enfin, pour fair' c' qu'il a fait,

Faut-il qu'un homm' soit...... préfiet !

Depuis c' te belle équipée,

Nous n' faisons plus rien du tout :

Nous n' pouvons plus mêm', chez nous,

Prendre l'air à la croisée.

C'est dur de se reposer

Quand on aime à travailler.

Pour des riens, pour des vétilles,

Sans motif et sans raisons,

Fermer ainsi des maisons,

Molester de pauvres filles !

Et voilà ce qu'on appelle

L' gouvernement paternel.

C'est à cause d'un grand homme
Tout nouvell'ment débarqué
Qu'on dit qu' nous sommes confisquées...
C'te bêtis'-là prouve comme
Quoi que le napolitain
N'aim' pas l' sexe féminin.

C'est un' chose épouvantable,
C'est un' chos' qui n' se fait point :
Retir'-t-on ainsi le pain
A des êtres estimables ?
J' vois bien que, dans tous les temps,
Nous trouverons des tyrans.

Et c'est l' temps de la canicule
Qu' vous allez choisir pour ça ;
C'est un vrai z'assassinat !
Pouvez-vous mettr' sans scrupule,
En nous tenant sous la clé,
Trent' mill' femm's sur le pavé !

Mon préfet, je vous l' demande,
En quoi que j'ai mérité
Un' pareille indignité,
Une humiliation si grande?
Si j' vous d'mand' ça, j'en ai l' droit :
J' suis égal' devant la loi.

J'ai toujours, en femm' soumise,
Respecté tous vos agens ;
L'aut' nuit, sans m' donner d'argent,
Sort d' chez moi z'un' patrouill' grise ;
Et, bien loin de me fâcher,
Je l'ai z'encore éclairée.

Fait's donc prendr' les couturières,
Les marchand's de mode aussi,
Qui chaqu' jour, quand vient la nuit,
Exerc'nt sans en avoir l'air ;
Et ça pour se dispenser
De payer un dispensaire.

Il va falloir que je ferme,
Si ça dure encor' long-temps :
Comment ferai-je à présent
Pour pouvoir payer mon terme,
Si vous n'en mettez pas un
A c'te loi sans sens commun ?

Quoi ! nos plaintes et nos larmes
Ne touch'nt pas vot' cœur de plomb :
Les tigres et les lions
Ont moins d' cruauté dans l'ame !
Je vous le dis sans détour,
Vous n'êt's pas fait pour l'amour.

On peut êtr' grand personnage,
Et pourtant avoir un cœur :
J'ai vu plus d'un grand monsieur,
Qui vous valaient bien, je gage,
Qu'étaient fièr'ment endurcis,
Et qu' nous avons amollis.

Que va dev'nir mon Dodore
Depuis l' soir jusqu'au matin ?
Lui qui n'avait pour soutien
Que le travail de sa Laure :
De besoin me faudra-t-i
Voir périr ce pauv' chéri ?

C' n'est pas par libertinage
Que j'ai pris l'métier que j' fais :
C'est bien parc' qu'il le fallait ;
Car enfin faire, à mon âge,
La mêm' chos' continuell'ment,
Croit-on qu' ça soit amusant ?

Fêt's et dimanch's, en fill' sage,
On me trouve à mon log'ment ;
Je ne perds pas un instant,
Je ne pens' qu'à mon ouvrage,
Sans prendr' pour me divertir
Le plus p'tit moment d' plaisir.

C'est grace à moi que ma mère
Peut acheter son tabac,
Et qu'un verr' de ratafiat
Vient soutenir mon vieux père...
Qu'on vienn' me conter à c't' heure
Qu'êtr' bonn' fill' porte bonheur.

On d'vrait au moins nous permettre
D' fair' placer un écriteau
Peint en forme de tableau,
En dehors de not' fenêtre,
Afin d'indiquer aux gens
Ce que l'on trouve en dedans.

J' vas réclamer près des chambres;
C'est elles qui font les lois :
Une femme comme moi
N' craint pas d' s'adresser aux membres.
Ainsi, monsieur, gare à vous :
Bientôt ils m' connaîtront tous.

Puisqu' ainsi l'on nous embête,
Et qu'on est si peu galant,
Pour élever mes enfans
Je vas me fair' femme honnête :
C'est un moyen excellent
D' fair' mon état librement.

Fait au nom de Stéphanie
De Paulin', de Paméla,
De Victoire, d'Élisa,
De Justine et de Phrasie,
Le quinze du mois de mai,
Que l'on nous a renfermées.

MANON

MISANTHROPE,

ou

Ah ! faut-il qu'un homme soit cochon !

Air : *Ah! si madame me voyait.*

(De Romagnési.)

Les hommes m'ont poussée à bout,
Ils n'ont, et c'est ce qui me vexe,
Au jour d'aujourd'hui pour le sexe
Pas plus d' chose que rien du tout ; (*bis.*)
Ils font des traits, des queu's aux dames,
Ils s'adonnent à la boisson,
Et puis dans l' vin ils batt'nt les femmes...
Ah! faut-il qu'un homm' soit cochon! (*bis.*)

Dimanche un monsieur ben couvert
M'emmèn' dîner à la Rapée;
Je me r'passe une bosse tapée;
Puis il m' dit, quand vient le dessert : (*bis.*)
Pour un besoin faut que j' mécarte...
Il n' rentre pas, et dans l' bouchon
M' laisse en plan sans payer la carte...
Ah! faut-il, etc.

L'aut' soir un jeune god'lureau
Sur l' boul'vard rencontr' ma cousine;
Pour s' faire aimer sur sa bonn' mine,
Il lui promet un p'tit cadeau : (*bis.*)
Il la r'conduit, il mont' chez elle,
Et bientôt fil' de la maison,
Sans même payer la... chandelle...
Ah! faut-il, etc.

J'étais en maison chez un veuf,

Je lui sauvais ben des dépenses,

J'avais tout's sortes d'complaisances,

J' lui r'mettais ses affair's à neuf. (*bis.*)

Tout-à-coup, voyez l'injustice!

Il m' chass' pour prendr', le croira-t-on?

Un p'tit garçon à son service...

Ah! faut-il, etc.

Jamais je n' pourrai z'oublier

L'histoir' de la belle écaillère

Qui donnait sa confiance entière

A ce polisson de pompier. (*bis.*)

Un jour, pour des mots, des bêtises,

Il plong' sa lam' dans l' sein d' Fanchon,

Et lui dit encor des sottises...

Ah! faut-il, etc.

Oui, j' dis bonsoir au sentiment,
Plus de passion, plus de caprice;
Il est temps que tout ça finisse;
Je ne veux plus faire d'amant. (*bis.*)
On est trop bête quand on aime;
J' f'rai la nique à ces cornichons :
Je saurai m' suffire à moi-même;
Car les hommes sont trop cochons. (*bis.*)